DU REMBOURSEMENT

ET DE

LA RÉDUCTION

DE L'INTERÊT

DES RENTES SUR L'ÉTAT.

DU REMBOURSEMENT

ET DE

LA RÉDUCTION

DE L'INTÉRÊT

DES RENTES SUR L'ÉTAT

EN FRANCE,

PAR J. CH. BAILLEUL,

ANCIEN DÉPUTÉ.

Noli me tangere.

A PARIS,

CHEZ RENARD, A LA LIBRAIRIE DU COMMERCE,

RUE SAINTE-ANNE, Nº 17;

MONGIE, LIBRAIRE, BOULEVART DES ITALIENS, Nº 10;

ET LES MARCHANDS DE NOUVEAUTÉS.

1825.

COMMENT CET ÉCRIT

PEUT ÊTRE JUGÉ.

« J'AVAIS annoncé par la voie des journaux que je publierais un écrit dont le but serait d'établir que dans la discussion du projet de loi sur la réduction des rentes, on n'avait pas même posé les questions dont l'examen pouvait conduire à la vérité. Une circonstance particulière et impérieuse m'a empêché de me livrer à ce travail dont je n'avais d'abord arrêté que les bases, et franchement, j'avais pensé, après le danger auquel on avait échappé, qu'on renoncerait à ce projet, ou qu'au moins on ne le présenterait pas à cette session. Je me trouve donc pleinement en défaut.

Cependant, la proposition a un tel degré de gravité dans l'intérêt du Roi, de l'état et des particuliers, que, faisant abnégation de tout amour propre, je me détermine à publier ce premier jet qui ne peut être considéré que comme un canevas. J'aurai encore rempli mon but si je parviens à démontrer qu'on a manqué le point essentiel de la discussion, et qu'on a pris par cela même une route entièrement fausse. Celle que je trace est au moins nouvelle; et j'espère que le sujet, envisagé comme je le fais, ne peut laisser aucun doute dans l'esprit des hommes doués de quelque jugement.

DU REMBOURSEMENT

ET DE

LA RÉDUCTION

DE L'INTÉRÊT

DES RENTES SUR L'ÉTAT.

***

Un gouvernement doit être dirigé dans tous ses actes, par les règles de la plus rigoureuse probité, de la morale la plus sévère; point d'ordre véritable dans l'état sans cette condition; point de moralité dans les individus, si tout ce qui émane de l'administration n'est empreint du sceau de la loyauté et de l'honneur.

Il n'y a pas une mesure du gouvernement qui ne touche à tous les intérêts, à toutes les existences; la moindre irrégularité dans ses mouvemens est toujours funeste. S'il retire mal-à-propos la main, il ouvre un abîme ; s'il la porte trop en avant, il écrase ; d'une ou d'autre manière, il détruit.

D'après ces règles, quel est le caractère de la discussion qui a eu lieu, et qu'elles en sont les conséquences ?

Comment, en droit et en fait, doit être jugée en elle-même la question de la réduction des rentes ?

D'après ces deux questions, mon travail se trouve naturellement divisé en deux parties.

PREMIÈRE PARTIE.

Caractère et conséquences de la discussion qui a eu lieu dans les deux Chambres sur le remboursement et la réduction des rentes en admettant le principe du droit de remboursement.

PREMIÈRE OBSERVATION.

C'est par des lois que sont autorisés et réglés les emprunts publics ; en France, une loi peut-elle être proposée sur une autre loi, si ce n'est pour lever des difficultés que rencontre son exécution, ou pour expliquer des obscurités qui l'embarrassent et l'arrêtent ?

Toute proposition de loi qui tend à modifier une loi exécutée ou qui ajoute à ses dispositions n'est-elle pas entachée du vice de rétroactivité, par conséquent réprouvée par tous les principes sur lesquels repose la sécurité des citoyens.

Peut-on dire que les lois qui ont autorisé des emprunts jusqu'à ce jour, n'ont pas été exécutées, que la proposition du remboursement ou de la réduction n'est qu'explicative, et ne porte pas atteinte aux droits acquis ?

Les lois qui créent des rentes sur l'état forment le contrat entre l'emprunteur et le prêteur : l'un des deux contractans peut-il en changer les bases, peut-il imposer ou exiger d'autres conditions ?

Sous ce point de vue, une loi qui, par le fait, réduit l'intérêt et le capital, n'est elle pas une atteinte portée au contrat, où rien de semblable n'est stipulé ?

On argumente aujourd'hui en faveur de la réduction, du fait, que presque tous les membres des deux chambres, qui ont combattu le premier projet, ont reconnu le droit qu'a le gouvernement de réduire l'intérêt par la voie du remboursement;

Ce n'est pas sur des opinions plus ou moins nombreuses que la justice se fonde, mais sur des principes inaltérables qui lui sont propres, et qui sont indépendans de la volonté des hommes; quelles qu'aient été les opinions des députés, la question reste entière ; s'ils se sont trompés, leur erreur dans une discussion précédente ne peut pas faire droit dans une discussion à venir.

DEUXIÈME OBSERVATION.

Dans une proposition de la nature de celle-ci, où l'on prétend régler des propriétés particu-

culières par des effets rétroactifs, et où, par conséquent, on court risque tout à la fois, si l'on se
trompe, d'y porter atteinte et de jeter le trouble
dans l'économie sociale, je soutiens que la délibération n'est pas même permise.

Remarquez, que du moment que l'on croit
permis de délibérer sur une semblable proposition, la première question qu'il s'agit de traiter,
est de savoir si on a le droit de dépouiller de sa
propriété un individu, plusieurs individus, une
masse d'individus; or, sur une semblable question,
on ne me contestera pas qu'il puisse y avoir
erreur dans la décision; mais dans ce cas l'erreur
est inexcusable, attendu qu'elle est volontaire;
car il dépendait de l'autorité de ne pas mettre
la question en délibération; entre une loi qu'on
n'avait pas le droit de rendre, et une mauvaise
loi qu'on a le droit de délibérer, la différence est
immense, parce que celle-ci peut nuire; mais, la
première détruit; on peut se préserver des effets
de la seconde, il est impossible de n'être pas vic-
time de l'autre puisqu'elle trouble le passé.

Il est certain qu'en respectant ce qui existait,
le gouvernement ne fait aucun mal, de même
qu'il n'encourrait aucun reproche; il est incer-
tain si le changement qu'il médite, ne donnera
pas lieu à une grande injustice. Il ne lui est donc

pas permis de balancer. Mais si l'injustice était évidente !

La morale renferme tous les principes de la justice, sans laquelle il n'y a point de véritable gouvernement. Un gouvernement qui adopterait comme loi rétroactive une proposition qui pourrait être une erreur, blesserait la morale; il serait compromis vis-à-vis de lui-même, et perdrait nécessairement de sa considération.

TROISIÈME OBSERVATION.

Pour sentir la justesse des réflexions qui précèdent, il suffit de faire attention à la nature du sujet, et à l'espèce des personnes qui doivent en délibérer.

Le sujet appartient à l'équité, au droit public, à la politique, à l'ordre économique ; sous ces divers points de vues, les connaissances sont si peu avancées qu'on peut regarder comme insolubles la plupart des questions qui en naissent. Comment, lorsque par le fait, une dette publique se lie à tous les intérêts, à toute les opérations, soit du gouvernement, soit des particuliers, en un mot, à tous les élémens de l'ordre, du travail et de la richesse, comment, dis-je, aller porter légèrement le trouble dans tous ces rapports ?

Comment courir des chances qui peuvent occasioner des désordres incalculables?

Qui chargera-t-on de délibérer sur une aussi étrange proposition? Des hommes au nombre de six ou sept cents si l'on veut, dans le nombre desquels il n'y en a probablement pas dix qui aient des connaissances positives sur ces matières, et certainement pas un seul en état de les envisager dans toute leur étendue, et d'en pénétrer tous les secrets.

Quelle garantie alors, pour le gouvernement qui propose; mais surtout quelle garantie pour les individus dont on soumet les intérêts et la fortune à des juges, qui, quelque bien intentionnés qu'ils soient, ne peuvent cependant aller au-delà de leur expérience et de leurs lumières.

QUATRIÈME OBSERVATION.

La position serait bien plus délicate, et imposerait bien plus impérieusement le devoir de s'abstenir, si les hommes appelés à délibérer pouvaient être soupçonnés d'apporter dans la délibération ou des intérêts opposés, ou des préventions dictées soit par l'erreur, soit par des opinions qui appartiennent aux circonstances.

Or il est incontestable que tous sont contri-

buables, et que le très grand nombre des contribuables pensent d'une manière plus ou moins
absolue, que les intérêts des rentiers sont en
opposition avec ceux des contribuables, et
que ce qu'on fait au détriment des premiers,
tourne au profit des seconds. C'est une grande
erreur; mais enfin elle existe, et cette prévention est telle, que, dans le même sens, bien des
gens regardent l'intérêt de Paris, comme étant
en opposition avec celui des départemens.

D'autres considèrent les emprunts comme une
calamité à laquelle on ne peut remédier trop
promptement, et contre laquelle tous les moyens
sont bons. Il n'y a pas jusqu'aux opinions politi-
ques, qui, chez un plus ou moins grand nombre,
ne viennent fortifier et aigrir des préventions
auxquelles leur position sociale, ou leurs pré-
tentions personnelles donnent un caractère bien
plus dangereux.

Avec quelle surprise, n'a-t-on pas entendu des
paroles telles que celles-ci, et beaucoup d'autres:
« Grande question, l'intérêt public et l'intérêt
privé y sont en présence; la chambre, dont la
mission est de conserver l'un et l'autre, va statuer
sur les *destinées de la patrie.*

« C'est l'effet des *prétendus progrès* de la civilisation.

« Le système militaire a nécessité de subir tous les *dommages* du crédit et ses *résultats funestes*.

« On voit *au-dessus des trônes* la puissance *épouvantable* de l'argent.

« Alors la science ou la *perturbation* finan-cière, etc., etc..

« Tel est l'état actuel, je le crois *déplorable, j'en signalerais la cause*; mais les égards que les nations se doivent etc. »

D'autres ont vu, à propos de cette discussion, les obstacles qui dans tous les pays entravent de nos jours la marche des pouvoirs de la société, dont les *défenseurs* n'ont d'autres ressources que d'attaquer leurs ennemis corps-à-corps, et sans les laisser un moment se reposer dans leurs faux principes, dans leurs théories qui se ré-duisent à deux théorêmes, la souveraineté du peuple, l'égalité des trois pouvoirs, tandis que nos pères connaissaient la vérité; mais par un instinct naturel, et par la pratique.

De bonne foi est-il possible de faire délibérer sur des intérêts réglés, sur des droits acquis, des hommes qui sont dans une semblable disposi-tion d'esprit ?

CINQUIÈME OBSERVATION.

Pour bien apprécier le principe sur lequel on

se fonde, dans la mesure proposée, il suffit d'en suivre les conséquences.

On proposait de réduire la rente à quatre p. 100, attendu que tel était le taux de l'intérêt de l'argent. Le fait est que le taux était à cinq, six, huit, douze pour 100, selon la nature des placemens. La rente elle-même donnait plus de cinq pour 100, lorsqu'à l'approche de la publication de la mesure, elle est, n'importe la cause, montée tout à coup à 100 et au delà.

Ainsi donc cette tradition étant établie, que lorsque le taux de l'intérêt est à cinq p. 100, au moins, et la rente à ce taux, on peut la réduire d'un pour cent et la mettre à 4 p. 100, il en résultera que, si l'argent tombe à 4 et la rente de même, on pourra la réduire à trois ; si elle tombe à trois, on la réduira à deux ; si elle arrive à un, on ne payera plus d'intérêt; il ne restera plus que du capital.

N'a-t-on pas vu, en Hollande l'intérêt de l'argent à deux et deux et demi au plus ?

On m'objectera peut être que je pousse à l'absurde; en aucune façon ; je ne fais que suivre les termes de la proposition, et si le dernier est absurde, le premier ne l'est pas moins, car tous sont de tout point semblables.

SIXIÈME OBSERVATION.

Il faut convenir qu'au premier aspect l'opération proposée donne lieu à des réflexions bien étranges.

Le gouvernement, par la nature de ses engagemens, s'est réservé la faculté d'acheter sur la place ses propres valeurs, quelqu'en soit le cours, ce qu'un négociant ne pourrait faire sans se déshonorer; cependant cette opération est légitime, j'en donnerai tout à l'heure les motifs, mais à des conditions auxquelles le débiteur doit se soumettre.

A cette faculté, le gouvernement prétend joindre celle de rembourser, même sans argent, si la rente arrive à ce qu'il appelle le *pair*. Tant que la rente n'est pas au pair, le gouvernement gagne donc sur ses effets, au détriment du créancier. La rente atteint-elle le pair, le gouvernement rembourse ou plutôt il réduit l'intérêt. Par le fait seul de cette diminution, la rente baisse; le gouvernement alors rachète. L'effet de l'amortissement relève le cours, alors on réduit de nouveau l'intérêt; et remarquez que le gouvernement aussi puissant par l'argent, que par les mesures qu'il croit être le maître d'adopter, peut encore à son gré abaisser ou élever les cours.

Quelle serait donc une propriété sur laquelle le débiteur pourrait exercer une action semblable !

SEPTIÈME OBSERVATION.

A-t-on été de bonne foi, lorsqu'on a demandé si un gouvernement pouvait être condamné à rester éternellement chargé de sa dette. Le gouvernement s'est lui-même réservé la faculté d'acheter à tout prix ses propres valeurs sur la place, ce qu'il a fait ; il n'est donc pas condamné à rester éternellement chargé de sa dette. Ainsi tombe par ce seul fait, l'unique argument d'où l'on peut induire une *nécessité*.

HUITIÈME OBSERVATION.

Les partisans de la mesure en ont nécessairement senti le vice, puisqu'en proposant la réduction ils ont en même temps proposé l'augmentation du capital, ce qui, pour le dire en passant, réduit à zéro les avantages pécuniaires qu'ils prétendent en tirer. Mais quel est, en général, et particulièrement en France, le système nouveau de donner plus de capital pour payer moins d'intérêt? quelle peut-être son influence sous le rapport de l'économie sociale, de la morale et du crédit? je n'entends pas par ce mot des cours à la bourse plus ou moins élevés, je parle de l'empressement avec lequel les individus confieront désormais leur argent au gouvernement ; ces questions sont immenses; mais s'il résultait de leur examen que ce changement notable serait tout à la fois nuisible au crédit, porterait atteinte à la morale, altérerait les consommations, ruinerait le pays et mettrait le gouvernement dans une dépendance humiliante ; on aurait trop à se repentir de l'avoir adopté. Je ne décide pas encore, je dis seulement que ce sont là des questions et des questions d'une si haute importance, qu'elles devaient faire suspendre toute délibération jusqu'à ce qu'elles fussent éclaircies; elles n'ont pas même été indiquées, au moins les plus essentielles.

NEUVIÈME OBSERVATION.

Dans la discussion d'une proposition qui a pour résultat de priver une masse de propriétaires de leurs revenus, qui le croira? on parlait de la supposition que la rente aurait été à 125 fr. si le gouvernement n'avait eu la loyauté de faire

connaître ses intentions et son projet ; on pourrait peut être dire avec autant de fondement que
si le gouvernement avait laissé aller les choses ,
la rente n'aurait pas été, au moins de long-temps,
au delà de 95 fr.

En second lieu, comme tout ce système repo-
sait sur le taux de l'intérêt de l'argent, on cher-
chait ce taux, et chacun en fixait un qui pût faire
prévaloir son opinion.

M. Lafitte lui-même a éprouvé à cet égard un
très grand embarras, et il s'est enfin déterminé
pour ce qu'il a appelé le taux du commerce ;
mais de quel commerce ? on ne peut pas appliquer un intérêt qui a lieu dans un cas, à un autre
cas qui comporte réellement un autre intérêt,

L'intérêt en France est depuis 3 p. 100 jusqu'à
15 et au delà : lequel choisir ?

Il y a plus, c'est que dans des opérations de
cette nature , il est impossible de faire un taux
commun d'intérêt pour une application spéciale.
Chaque objet doit être examiné sous le rapport
qui lui est propre, et le fait est que l'intérêt de
la rente était, au moment de la discussion, à 5
p. 100, un peu plus un peu moins.

Il n'y avait donc d'aucun côté une indication
d'intérêt à 4 p. 100, et, chose remarquable, les
partisans du projet eux-mêmes n'ont pu s'en-

tendre sur ce point qui, seul cependant, dans ce système, pouvait offrir la cause et la justification de la mesure. En même temps qu'on disait que l'argent était à 4 p. 100, on avouait l'impossibilité de faire un emprunt à ce taux.

DIXIÈME OBSERVATION.

On a dit dans la discussion qu'on avait mis en présence l'état et ses créanciers, l'intérêt public et l'intérêt privé; des orateurs dans les deux chambre, ont déclaré que si elles stipulaient l'intérêt des créanciers, elles stipulaient aussi l'intérêt des contribuables.

Mais si cet intérêt est le même, comme j'en suis convaincu, qu'attendre d'une discussion qui les suppose divisés? Le doute sur cette question comme sur tant d'autres faisait une loi de s'abstenir. Un écrivain célèbre dans ces matières, et cité dans la discussion, a dit : « qu'il pourrait arriver, dans le « cas dont il s'agit, que les contribuables ne « gagneraient rien à la réduction des rentes. » Ainsi les uns seraient appauvris du cinquième de leur revenu, sans que les autres en fussent plus riches, et que dirait-on si les contribuables en étaient plus à plaindre? c'est cependant ce qui serait arrivé ou ce qui arrivera. Dans tous les cas, à quoi bon une mesure qui dépouille, si l'on soupçonne seulement qu'elle ne peut être utile à personne.

Mais comment a-t-on pu tenir un semblable langage, sans s'apercevoir que l'intérêt des créanciers était réglé, que cette discussion n'aurait été admissible qu'autant qu'il aurait été question de lever des doutes sur le sens des lois, ou de faire cesser des difficultés qui auraient arrêté ou compliqué les transactions.

ONZIÈME OBSERVATION.

Par suite de cette idée, que l'intérêt des contribuables est en opposition avec celui des prêteurs ou des créanciers de l'état, on a établi une doctrine vraiment remarquable, on a dit : lorque les contribuables ont eu besoin d'argent, les prêteurs leur ont fait la loi, mais aujourd'hui c'est le tour des contribuables; leur position leur permettant de prendre leur revanche, c'est à eux à faire la loi à leurs débiteurs.

Rien de plus ingénieux, et de mieux trouvé! Mais quelle garantie a le contribuable qu'il ne sera pas de nouveau dans la nécessité d'avoir recours à des prêteurs, et, dans ce cas, quelle sera

la loi que feront ceux-ci à des contribuables qui
raisonnent aussi juste et avec autant de délica-
tesse ?

DOUZIÈME OBSERVATION.

C'est encore un argument de la même fa-
mille et de force égale que celui qui consiste à
dire : la France a payé assez cher le crédit
quelle a obtenu, pour quelle ait le droit d'en recueillir les fruits et de s'en attribuer les avantages.
D'où vient donc le crédit de la France ? Si l'intérêt de l'argent a baissé, si les valeurs du
gouvernement ont doublé, ne le doit-on pas à
la fidélité avec laquelle elle avait jusques ici rempli ses engagemens ? dès lors, qu'arrivera-t-il si
cette fidélité cesse et si on lui substitue l'arbi-
traire et la violence ? Les fruits, les avantages
du crédit ne sont-ils pas dans le crédit lui-
même ? Quel autre profit un gouvernement, un
état peut-il souhaiter ou recueillir si ce n'est une
prospérité générale toujours croissante. L'abbé
Terray enrichissait-il l'état en prenant dans les
poches ?

TREIZIÈME OBSERVATION.

Sur cent quarante millions de rente, environ

cinquante millions qui appartiennent à des établissemens publics ou qui ont reçu des destinations spéciales, ne devaient point être atteints par la réduction. Nouveau sujet de réflexion qui aurait du révéler que l'on était bien éloigné d'avoir envisagé la matière sous tous ses rapports. Ainsi déjà la loi recule devant ses propres dispositions, parce qu'elle voit le désordre qu'elle va porter dans une chose établie, et elle ne voit pas le dérangement qu'elle va causer, la confusion quelle va répandre dans des milliers de familles !

QUATORZIÈME OBSERVATION.

On a proclamé aux deux tribunes, on a imprimé que le résultat de la mesure serait un plus grand développement du crédit. En vérité on est tout étourdi quand on entend de semblables assertions. Comment un abus, ou une erreur, si l'on veut, de la puissance du débiteur contre ses créanciers, pourrait-il accroître la confiance ? Comment l'état sera-t-il plus riche quand il aura pris à une classe nombreuse de ses administrés, le cinquième de leur revenu et anéanti le cinquième des capitaux de sa dette.

Les capitaux économisés et transmis dans la

circulation par la voie de l'emprunt, sont une richesse non seulement particulière, mais publique. Ils ont concouru à tous les genres de prospérité, soit du commerce et de l'industrie, soit de l'agriculture; ce qui peut arriver de plus heureux, c'est que la confiance les porte au niveau des valeurs les mieux accréditées; une mesure qui les altère, qui en détruit une partie, produira toujours l'effet d'une calamité publique. Voilà ce qui est certain.

En vain dira-t-on que le capital de la dette publique réduite, ayant reçu une latitude d'extension favorable à la hausse, 3 p. 100, donneront un capital aussi élevé que cinq. Oui, ce capital tourmenté pendant quelques instans à la bourse, pourra offrir ce phénomène. Mais d'abord cela ne rendra pas aux créanciers le revenu qu'ils ont perdu; ensuite le capital retombera toujours dans la proportion de l'intérêt payé. Ainsi, donnez trois, donnez cinq, vous aurez toujours un capital relativement égal, et ce que vous aurez détruit, vous ne le trouverez par aucun moyen. Il y aura de plus ce grave inconvénient, que, si l'on éprouve le besoin d'emprunter, c'est alors qu'on se souviendra de la violence exercée, et que l'on payera cher l'œuvre du plus faux des calculs.

QUINZIÈME OBSERVATION.

On a prétendu que l'extension donnée au capital était un bienfait, un acte de générosité envers les créanciers de l'état ; attendu que cette extension éloigne un nouveau remboursement ou plutôt une nouvelle réduction d'intérêt.

Qu'on prenne l'avis des créanciers sur cette question, on verra s'ils l'entendent ainsi ; s'ils ont prévu des remboursemens qu'on ne peut jamais être en état de faire, et s'ils ont compté sur des mutilations contraires à tous les engagemens pris.

Mais les créanciers qui ne se trompent pas sur leur véritable intérêt, réfuteraient encore aisément l'argument dont on se prévaut contre eux.

Vous admettez, diraient-ils, comme un principe, le droit de rembourser, vous en concluez la nécessité de rembourser autant de fois que la rente aura atteint ce qu'il vous plaît d'appeler *le pair* ; mais n'admettez pas comme un principe le droit de rembourser, vous ne vous trouverez pas dans la nécessité de le faire.

Il est évident que le principe dont vous vous appuyez est un principe que vous faites ; ne vous faites pas ce principe et vous éviterez la conséquence.

L'on ne voit pas ce que l'on peut répondre à cette argumentation.

SEIZIÈME OBSERVATION.

On en est venu à examiner l'impression que fesait la mesure : partisans et adversaires ont reconnu que l'effet en était douloureux et tout à fait défavorable. On a répondu que si la mesure était impopulaire à Paris, elle était populaire dans les départemens.

Voilà pour une discussion aussi sérieuse, un terrain fort étrange. Il est bien question de savoir si la mesure est populaire ou impopulaire; la seule question est de savoir si elle est juste. La question d'utilité ne vient qu'après; ce serait une singulière manière de faire une loi, que de dire : il faut l'adopter parce qu'elle plaît aux Parisiens, ou la rejeter parce qu'elle déplaît aux départemens; il serait plus raisonnable, de ce quelle plaît aux uns et déplaît aux autres, de conclure qu'elle mérite un examen d'autant plus sévère : car, ou les juges manquent de lumière, ou la loi manque de justice.

DIX-SEPTIÈME OBSERVATION.

Il semble que, dans cette discussion, on ait pris à tâche de provoquer tous les argumens dont on pouvait se prévaloir contre la proposition. N'a-t-on pas soutenu que les bénéfices des rentiers étaient énormes, et qu'ils étaient trop heureux de recevoir cent quand ils avaient déboursé cinquante-cinq et soixante.

Dans le nombre de rentes, n'y a-t-il pas celles qui ont été réduites par l'abbé Terray, celles qui ont subi le remboursement des deux tiers, celles résultant des liquidations d'arriérés sur le pied de 3 p 100.

Quant aux rentes créées depuis la restauration, n'en a-t-il pas été vendu à cent, cent quatre et cent six ; que faire dans ce cahos pour être équitable ?

Ces rentes, d'ailleurs, n'ont-elles pas suivi le cours de toutes choses. Les terres, les terrains, les maisons, les actions de la banque et autres , n'ont-ils pas successivement haussé de valeur. Le gouvernement a-t-il pensé qu'il était juge des excédans de bénéfices légitimes, et de plus que ces excédans lui appartiennent? A quel titre a-t-il plus de droit sur les effets publics que sur les autres valeurs ? Il n'en a certes aucun.

Les rentiers ne sont-ils pas d'ailleurs dans une position plus défavorable que toutes les autres espèces de propriétaires ; leur capital peut s'améliorer, ce qui est indifférent au très grand nombre, mais jamais leur revenu ; tandis que les propriétaires de terres et de maisons ont vu croître en même temps, et capital et revenu. Aussi cet orateur avait raison, qui disait : « Dépouillés du cinquième de leur revenu, sans espoir d'un dédommagement sur le capital, leur sort est digne de pitié. Ils ont chèrement expié l'ère de bonheur dont ils ont joui, et qu'on leur reproche avec tant d'amertume. »

DIX-HUITIÈME OBSERVATION.

Pour justifier la mesure qui dépouillerait les rentiers, on argumente des malheurs qui menacent sans cesse tous les genres d'industrie ; c'est une route nouvelle qu'on ouvre, c'est un procédé qu'on invente, c'est une banqueroute, un orage, une grêle, une guerre, etc....

Ces exemples sont mal choisis. Un entrepreneur est blessé dans son industrie par une invention nouvelle ; mais il reste avec ses capitaux, son expérience et son génie ; le monde est toujours ouvert à ses spéculations ; on supporte les fléaux de la nature, on ne les provoque pas ; que dirait-on d'un gouvernement qui ferait grêler sur les récoltes? quelle grêle que la mesure où le fléau qui anéantit à l'instant vingt-huit millions de revenus, et six cents millions de capitaux.

DIX-NEUVIÈME ET DERNIÈRE OBSERVATION.

Ce simulacre de remboursement devait coûter trente millions sans les bénéfices *d'agio* sur la place, qui étaient bien une autre affaire. Ainsi l'argent des créanciers allait enrichir sans mesure les instrumens de leur spoliation, ces redoutables capitalistes contre lesquels on s'élève si fort, et qui ne sont redoutables cependant que par le mauvais usage qu'on en fait, ce qui n'est pas leur faute.

Il valait bien mieux laisser cette somme aux créanciers de l'état et réduire tout simplement la rente. S'il y avait violence dans la mesure, au moins aurait-on agi avec bonne foi. On leur devait d'autant plus cette espèce de justice, que la presque totalité est dans une position telle qu'il lui est impossible de recevoir un remboursement. Chose singulière ! dans cette mesure, des frais énormes étaient un sacrifice à la con-

venance de quelques-uns, au détriment de presque tous.

Résumé de ces observations et de la discussion.

Ainsi on fondait la loi sur le taux de l'intérêt
et sur le capital de la rente, et l'on n'a pu tom-
ber d'accord sur aucun de ces deux points qui
étaient la base de la mesure ; sur le droit qu'a le
gouvernement de rembourser ; oui, a dit le très
grand nombre ; mais il faut que le remboursement soit sincère, il ne l'est pas et il ne peut
l'être. Sur l'équité : Tout est dissemblable dans
l'origine des rentes, il est donc impossible de
les soumettre équitablement à une mesure uni-
forme. Sur l'utilité : Il n'en résultera qu'un bou-
leversement total de la fortune publique ; quant
au taux de l'intérêt de l'argent, ce ne sera jamais une mesure du gouvernement qui le ré-
glera, le bas intérêt de l'argent tient à bien d'autres causes, ce qui est incontestable. Sur l'op-
portunité : Il n'y en avait point puisqu'on n'a
pu s'entendre sur le taux de l'intérêt de l'argent.
Sur l'intérêt des contribuables : Cet intérêt est
loin d'avoir été démontré. Sur la nécessité : Elle
n'était nullement sentie ; personne jusques-là

n'avait pensé à la mesure. Sur l'intérêt des rentiers : La mesure les dépouillait.

On a proposé de nombreux amendemens ; ils ne valaient pas mieux que le projet. Comment, en effet, asseoir quelque chose de bon sur ce qui est vicieux et faux dans son principe.

Appeler injuste ce qui produit ordre et prospérité, juste et légitime ce qui ne peut produire que désordre et ruine ; c'est vouloir se tromper. Cherchez jusques à ce que vous ayez trouvé la vérité ; mais en attendant, cessez d'agir.

CONCLUSION.

Dans aucune discussion où il ne s'est pas présenté un seul point de vue qui ait réuni l'unanimité des suffrages, où tout à été confusion et contradiction , il y en avait plus qu'il n'en fallait pour rejeter cent fois le projet. C'est ce qui a eu lieu ; et cette délibération a été considérée comme un grand service rendu à l'état. On revient cependant sur la mesure, et on insiste : ce qui pourrait étonner dans d'autres circonstances.

Parmi les raisons qui l'ont dictée, on peut regarder comme la principale, l'idée de l'indem-

nité en faveur des émigrés. On trouve de l'inconvénient à porter la dette publique au delà
de deux cents millions. S'il faut que la France
supporte ce nouveau fardeau, nul doute qu'il
serait bien préférable de créer tout simplement
trente ou trente-trois millions de rente ; ce ne
serait qu'un mal au lieu de deux.

Allons maintenant au fond de la question, et
cherchons ce qu'en droit et en fait peuvent être
les fonds publics en France, et d'après quelles
règles il convient de les administrer.

DEUXIÈME PARTIE.

Du remboursement ou de la réduction des rentes sur l'état, en droit et en fait.

Il n'y a point de sujet qui n'ait ses règles et ses limites. Ainsi subordonné et circonscrit, un sujet sera tout ce qu'il peut être. Il offrira tous les avantages qu'il comporte et sera exempt des dangers que produisent les fausses directions et l'exagération.

Les règles et les limites pour la création, l'emploi et l'administration des fonds publics, sont-elles découvertes parmi nous et généralement reconnues? comment le croire, d'après les incertitudes et les divagations qui forment toute la discussion sur la réduction des rentes?

Je pourrais conclure de cette remarque que nous sommes à cet égard dans une ignorance totale; j'y serais d'autant plus fondé, que plusieurs traits lumineux qui ont brillé dans cette discussion, n'ont été ni saisis, ni relevés, ni examinés.

Ces règles cependant sont simples et faciles à concevoir ; mais il y faut de la bonne foi, un peu d'attention, et surtout une véritable indépendance de tout système, de toute prévention.

C'est dans cette disposition d'esprit que je désire qu'on lise les notes suivantes. Je crois qu'elles renferment les véritables principes de la matière, et qu'en deçà comme au delà il n'y a qu'erreur.

I. Question unique, ou plutôt il n'y a point de question.

L'inscription de la rente constitue-t-elle une propriété ? oui ; ou non ? Si elle n'est pas une propriété, qu'on nous dise donc ce qu'elle est. Si elle est une propriété, elle doit être, comme toute propriété, une chose entière, complète, et sacrée dans la main de celui qui la possède. Nulle puissance n'a le droit de s'en emparer, de la dénaturer ni de l'altérer, autrement ce n'est plus une propriété. Une loi qui pourrait anéantir soit de droit, ce qui serait une absurdité, soit par le fait, ce qui constituerait une violence, le dixième, le cinquième d'une rente sur l'Etat, pourrait, par la même raison, anéantir le tiers, la moitié, tout enfin ; une loi qui pourrait déterminer un taux du remboursement de la rente qui ne serait pas celui du cours, pourrait, par la même raison, en déterminer un autre ; et ces lois seraient faites par le débiteur ou en son nom ! Est-ce une propriété qu'un titre qui est quelque chose, qui est plus, qui est moins, ou qui n'est rien à la volonté d'un tiers, à la volonté d'un débiteur ? Telle est cependant la conséquence du système ou des projets de réduction et de remboursement de la dette publique.

J'avoue que je ne puis concevoir comment, dans l'état de civilisation où nous sommes parvenus, des hommes d'ailleurs éclairés, ont pu méconnaître un instant le principe de la propriété dans les rentes sur l'État ; comment ils n'ont pas senti que délibérer sur la proposition d'une réduction, c'était mettre en question la propriété et affliger la France d'une calamité publique.

Je cherche en vain à m'expliquer par quelle bizarrerie, car des préventions vulgaires, absurdes, sur les rentes et les rentiers ne me l'expliquent pas suffisamment, ces mêmes hommes ont pu établir une différence entre un contrat de rente et le contrat d'une terre. C'est qu'on veut subtiliser ; on veut avoir trop d'esprit ; ou plutôt on ne prend pas la peine de réfléchir que les mots *prêteur, emprunt*, désignent dans ce cas des choses tout à fait dissemblables quand il s'agit de prêts faits à l'État.

Plus une proposition s'identifie avec son principe, plus il est difficile d'en démontrer la vérité, si même cette démonstration est possible. Ainsi je dirai, la rente est une propriété ; aucune puissance de la terre n'a le droit d'y porter atteinte ; on répondra : Non, ce n'est point une propriété comme une autre, c'est une propriété que la loi peut modifier, etc.... Chacun répétera de son côté dix fois la même chose, que reste-t-il pour décider ? l'autorité et la force.

Mais je dirai encore à l'autorité, à la force, dans le moment même de leur action : J'ai acheté sur la foi de vos promesses un titre, dont vous débiteur avez déterminé les formes et les conditions, dans lequel vous pouviez rentrer d'après un mode que vous aviez vous-même choisi, que vous aviez consacré ; et vous auriez sur ce titre, une fois entré dans mon portefeuille, plus de droits que vous n'en avez sur une lettre de change ; sur une action de la banque qui se trouvent à côté, vous pourriez me l'arracher pour me le rendre dénaturé et détérioré, cela est impossible : comment ne le voyez-vous pas ? Je suppose que la banque de France eût été établie par une société collective, et que cette société, pour faire son fonds, eût créé des actions de mille francs l'une, en commandite, en leur assignant la moitié ou les deux tiers des bénéfices de l'entreprise.

Les actions, par suite des circonstances, se sont négociées sur la place à 500 et 700 fr., enfin elles montent à 16 et 1800 fr. Alors les sociétaires qui ont gagné de l'argent se ravisent et disent à part eux : nos actions ont dépassé le pair, et ici il y a bien un *pair*, ce qui n'est pas pour la rente, les porteurs qui ont acheté à 500 à 600 fr. seront trop heureux d'être de recevoir 1000 fr., ou d'éprouver une réduction dans les dividendes. On le leur propose; ils refusent; on les traduit devant les tribunaux; croit-on que les magistrats prissent la peine de délibérer sur la prétention des sociétaires, et qu'ils n'en seraient pas déboutés?

La question est absolument la même pour les porteurs de rentes.

Y a-t-il dans la position de la France des circonstances particulières qui puissent commander une mesure extraordinaire relativement aux rentes sur l'État? De quelle nature pourrait être cette circonstance? Rien de semblable n'a été articulé, et, dans ce cas encore, la réduction aurait-elle été la mesure convenable?

§ II. Besoin et emploi du crédit.

Le crédit est, quoiqu'on en dise, la ressource la plus grande et la plus salutaire des États modernes; étant d'ailleurs dans une parfaite harmonie avec les procédés et les développemens du commerce, ainsi que de l'industrie; leurs affaires marchent plus vite que l'argent; tout serait paralysé si l'on ne pouvait traiter qu'au comptant; le gouvernement, en empruntant dans certains cas, cède à une nécessité qui est commune à tous les genres d'entreprises; il n'a pas d'autre moyen de se tenir au niveau d'une civilisation avancée; mais pour fixer les règles et la mesure de l'emploi du crédit, il faut connaître l'usage qu'on en veut faire et le but qu'on se propose en l'employant.

On a dit que la proposition de réduire la rente était une mesure forte, et qui donnerait au crédit le plus grand développement : à quoi appliquer ce dernier mot? Est-ce à la valeur de la dette existante? est-ce à la faculté de faire indéfiniment de nouveaux emprunts?

Si c'est à la valeur des capitaux existans, on n'y parviendra pas par des réductions d'intérêt, l'effet sera tout à fait contraire; si l'on a en vue de préparer les voies à des emprunts nouveaux, qu'en veut-on faire? A-t-on le dessein de s'assurer le commerce exclusif du monde, ou d'établir la monarchie universelle? Veut-on porter le capital de la dette publique à vingt-cinq ou trente milliards, cela n'est pas vraisemblable; dès lors nous n'avons pas besoin d'un développement si extraordinaire du crédit; il suffit de s'en tenir au cours naturel des choses qui, avant tous ces projets, était assez satisfaisant.

On ne doit en effet chercher dans le crédit que la sûreté, la puissance qui la garantit et la prospérité du pays. Plus la ressource du crédit est précieuse, plus elle doit être ménagée; l'erreur de ceux qui croient que l'on peut emprunter indéfiniment, n'est pas moins grande que celle qui signale toute espèce d'emprunt comme une mesure funeste. On montre l'Angleterre comme une preuve que plus on emprunte et plus on s'enrichit. Pour bien juger cette maxime, il faudrait voir dans quel état serait l'Angleterre sans l'extension de son commerce et l'emploi progressif des machines dans son industrie.

La France, administrée dans des principes généreux et sans aucune vue d'ambition, ne doit avoir la guerre que quand il plaira à son gouvernement, et la guerre est la seule circonstance qui puisse rendre des emprunts indispensables.

En admettant d'ailleurs qu'on eût un besoin extraordinaire du crédit, ce serait un bien mauvais moyen d'y réussir que d'effrayer la confiance qui seule peut le créer et le maintenir.

Nous n'avons donc pas besoin d'un emploi urgent, sans bornes du crédit, et le moyen proposé serait contraire au but qu'on se proposerait.

III. *Conditions de la rente.*

Dans tous les temps les gouvernemens ont eu des besoins extraordinaires; c'est une histoire longue et déplorable que celle des ressources qu'ils ont imaginées dans les momens trop fréquens de leur détresse.

Enfin on eut recours aux emprunts, mais sans discernement, sans autre sentiment que celui du besoin; cependant cette création d'une valeur nouvelle dans l'État a dû recevoir la loi de la force des choses : c'est ce qui est arrivé.

On emprunta d'abord une somme fixe pour laquelle on donna un intérêt déterminé. Les titres de ces emprunts furent assimilés aux immeubles; ils pouvaient être frappés d'opposition et de saisie, on les assujétissait à des impôts, à des retenues; ces titres offraient donc moins d'avantage qu'une propriété foncière où seulement qu'un prêt sur hypothèque, puisque le gouvernement emprunteur pouvait par mille raisons manquer à ses engagemens ou les affaiblir; le placement était en outre plus défavorable que ceux qui ne peuvent être ni imposés ni saisis.

Les gouvernemens, pour s'assurer les moyens d'emprunter, durent se mettre dans une position au moins aussi avantageuse que les particuliers; aussi ils déclarèrent la rente sur l'État exempte d'impôt, non susceptible d'opposition et insaisissable. On a dit que c'était un privilége accordé à la rente : point du tout; seulement le gouvernement a subi les conséquences des conditions attachées aux créances mobiliaires, et par là il a obtenu les avantages qu'avaient sur lui tous les emprunteurs.

Ce n'est pas tout : le gouvernement ayant besoin de sommes considérables et sur-le-champ, il devient nécessaire que des banquiers, commerçans ou capitalistes, fassent des avances dans la proportion de l'urgence et des besoins : mais comme ces banquiers, etc., ne peuvent pas rester long-temps à découvert, que ces avances sont toujours bornées relativement à l'étendue des besoins, il a donc fallu qu'ils pussent détailler facilement et promptement les engagemens du gouvernement ; pour cela il faut que la rente soit transmissible, sans entrave et toujours négociable.

Ce ne sont pas ici des déterminations volontaires ou de fantaisie ; c'est une loi qui résulte de la nature des choses et de la force de la situation.

L'amortissement lui-même, l'autre loi de la nécessité, seul moyen praticable d'acquitter les charges du passé, afin de se préparer des ressources pour l'avenir, ne peut être mis en pratique qu'autant que les titres de la rente sont négociables et que leur valeur a un cours public en quelque sorte authentique.

Ce n'est encore qu'à cette condition que le capital si important de la rente prend rang dans l'ordre économique et devient un élément puissant de circulation.

Quelle analogie y a-t-il entre des emprunts, des titres, des fonctions de cette espèce, et les prêts particuliers circonscrits entre deux individus, et comment concevoir que la législation faite pour ceux-ci puisse jamais s'appliquer à ceux-là ?

Voilà donc quelles sont les lois imposées par la nature, par la force de cette chose qu'on appelle le crédit, et ces lois forment un système complet que l'on ne peut altérer sans blesser le crédit lui-même.

Notre dette publique en France est parfaitement en harmonie avec ces exigeances, sauf les expressions de *cinq pour cent* qui n'ont point de sens, ainsi que je le prouverai. Le plus grand malheur qui puisse nous arriver sous ce rapport, c'est qu'on y porte la plus légère atteinte, et les projets proposés, ou que l'on médite, renversent le système de fond en comble.

IV. Distribution des rentes.

On peut ranger en trois classes les porteurs de rentes :

1°. Ceux pour qui la rente est un placement fixe qui n'a d'autre but que de leur assurer un revenu. La grande masse des rentes est entre les mains de cette classe. Ce sont donc là les véritables prêteurs du gouvernement en France. Ces rentes sont extrêmement divisées, et, pour le plus grand nombre des rentiers, il n'y a pas d'autre placement commode et sûr ;

2°. Ceux qui placent momentanément sur la

rente, soit pour obtenir avec le temps, des bénéfices par les variations du cours, soit pour ne pas perdre l'intérêt de leur argent jusqu'à ce qu'ils en aient trouvé l'emploi dans l'ordre accoutumé de leurs opérations;

3°. Ceux enfin qui font, à proprement parler, le commerce de la rente par des placemens réels. Je mets dans cette cathégorie les spéculateurs qui opèrent journellement sur les fonds publics sans autres capitaux que ce qu'il en faut pour payer des différences présumées.

Il est de la plus haute importance de ne pas se tromper sur ce classement comme on le verra bientôt.

On a dit que la rente se déclassait en France par l'appréhension du remboursement. La vérité est que personne ne s'en doutait, qu'elle n'est sortie que des mains de ceux qui en possédaient depuis l'ouverture des petits grands-livres, et qui étaient en position de trouver d'autres emplois. En disant que la rente se déclassait, on voulait prouver la nécessité de la mesure. On se fût bien gardé de la proposer, si l'on avait prévu que le grand nombre des rentiers demanderait le remboursement, ou plutôt si l'on n'avait été certain du contraire.

V. Place qu'occupe la rente dans l'ordre économique.

La rente une fois existante ne peut être considérée comme une valeur isolée qu'on est le maître de conserver ou de détruire à volonté, même en remboursant le propriétaire. Elle fait partie d'un tout qui est l'État. Elle est devenue partie intégrante du système économique, comme les rentiers font partie des citoyens et de la population.

Deux cents millions de rente forment une masse importante de revenu : les rentiers ont donné à l'État un capital dont la disposition lui était nécessaire. Ce capital a créé, ranimé et soutenu beaucoup de travaux. C'est sur les produits de ces travaux qu'est assis le droit des porteurs d'inscriptions.

En même temps que cette branche de revenu a été formée, une consommation équivalente s'est dirigée vers ce revenu. Il s'établit donc un rapport direct de la production à la consommation ; la rente a pris sa place dans l'ordre des consommations, comme elle l'avait prise dans l'ordre des revenus. La faire disparaître en tout ou en partie, et toujours par masse, c'est creuser un abîme proportionné à la somme détruite.

On a dit : mais quand la rente n'était que de cent millions, les consommations étaient-elles moindres ? Oui certainement, ou tout au moins elles ont changé de direction ; et les détruire subitement, c'est porter le désordre dans tous les canaux de la circulation. Sans doute à trait de temps tout reprendrait son équilibre ; mais ce serait une crise, une grande crise, et l'administration, encore une fois, supporte, adoucit les crises et ne les occasione pas : c'est le premier des devoirs que de les éviter quand elle peut les prévoir.

On ne fait pas assez d'attention que tout ce qui est préparé pour être employé ou consommé est un fardeau pour la société, tant que le prix n'en est pas reversé dans la circulation pour concourir à de nouveaux travaux.

Loin de soulager les contribuables par une semblable mesure, en paralysant les travaux et les consommations, vous les privez de la vente de leurs denrées : car ce n'est pas seulement trente millions de consommations que vous aurez détruit, mais vous avez frappé de paralysie toutes les ramifications qui se rapportaient directement ou indirectement à ces trente millions ; ce qui est énorme.

La mesure ne soulagera donc pas les contribuables ; elle leur nuira essentiellement : c'est donc par une erreur qui ne doit pas être partagée par une administeation éclairée, qu'elle serait populaire dans les départemens.

§. VI. Bénéfices résultant de la réduction des rentes.

L'État est un tout qui ne peut rien gagner sur lui-même. L'État est riche de toutes les richesses publiques et particulières.

Or, la rente est-elle une richesse? malgré les avis contraires, c'est comme si l'on demandait si l'argent qu'on a donné en échange est une richesse? L'inscription représentant le prix qu'on en a donné, est donc une richesse de la même nature que le prix qui est le fruit du travail et de l'économie.

La création des rentes n'a pas diminué le prix vénal des propriétés foncières ; souvent elle a ajouté à cette valeur ; comme elle a concouru à imprimer à l'industrie et à tous les travaux une plus grande activité. Le capital que forme la rente est donc une addition à la richesse générale du pays ; la destruction de ce capital est donc une spoliation par rapport à celui qui en était propriétaire ; et un appauvrissement relativement à la fortune publique. Le coup qui frappe un nombre quelconque d'individus d'une manière plus particulière et plus cruelle, frappe donc l'État entier.

Ainsi dans le fait particulier, en retranchant trente millions de revenu, on anéantit six cents millions de capitaux ou environ.

Le revenu que produisaient ces capitaux avait pris rang parmi les revenus de toute espèce. En détruisant ces revenus très positifs et correspondant à des consommations proportionnelles dans un nombre direct et circonscrit d'individus, ne sont plus rien quand on les a reportés entre plusieurs millions de contribuables. Par là, encore une fois, on a jeté le désordre dans l'État, on a appauvri, ruiné les uns, et loin d'avoir enrichi les autres, on leur a réellement nui.

Il n'y a et il ne peut y avoir dans une mesure injuste, contraire à tous les faits et à tous les principes d'administration, de bénéfices pour personne.

VII. Dégrèvement des contributions.

Ces matières sont celles qui devraient être le mieux étudiées, et celles qui le sont le moins; celles sur lesquelles toutes les idées devraient être arrêtées, et celles sur lesquelles il n'y a que des notions confuses et contradictoires.

Il est à peu près impossible de combattre sur ce point l'opinion vulgaire et de détruire la fausse popularité qu'on attache à la seule intention manifestée de diminuer les contributions. Il semble que quelques centimes de dégrèvement vont faire nager le peuple dans l'opulence, et de très bons esprits d'ailleurs, partagent et propagent ces déplorables illusions.

Du temps d'Henri IV, sous le ministère de Sully, un dégrèvement, même faible, était une chose importante, 1°. parce que la plus petite somme avait relativement beaucoup de valeur. Avec cent cinquante millions on aurait acheté plus de denrées et habillé plus de soldats qu'aujourd'hui avec un milliard.

La population attachée à une industrie inconnue alors, a changé tellement les rapports des productions et des consommations, tellement accéléré la circulation, que quelques réductions d'impôts ne peuvent plus produire aucun effet sur l'aisance générale.

L'économie publique repose sur des faits et sur des observations exactes, prises à de certaines profondeurs. Tout ce qui est superficiel, est trompeur ; à plus forte raison des théories abstraites et sentimentales.

Pour moi, je suis si éloigné de partager les

préventions populaires, je dois l'avouer franchement et de suite, que je tremble toujours quand on parle de réduire les contributions, de voir faire quelque lourde bévue. Cela ne veut pas dire qu'on ne doit pas attacher de l'importance à un impôt mal assis, et qui détruirait sa source; qu'on ne doit pas réduire l'impôt s'il n'en faut pas davantage; mais cela veut dire que l'on ne doit pas donner aux choses plus de valeur qu'elles n'en ont; que la réduction est une affaire d'ordre, de justice, et rien de plus.

Il faut qu'un gouvernement, comme une maison de commerce, comme toute grande entreprise, ait à sa disposition des fonds abondans, sous la condition, bien entendu, d'en faire toujours un bon usage.

Il y a une autre considération également puissante; ce n'est rien qu'une remise de contributions, mais c'est quelque chose de bien sérieux que d'être obligé d'en demander de nouvelles. J'en ai eu l'expérience, et nous nous sommes trouvés aux prises avec des difficultés aussi insurmontables, qu'elles étaient contraires à l'intérêt public. Elles sont si funestes, si nuisibles, qu'un gouvernement sage et prévoyant, qui est parvenu à porter les contributions à un taux suffisamment élevé, ne devrait jamais les réduire;

et que, dans le cas où ses recettes iraient au-
delà de ses besoins, cas bien rare pour une administration habile, comme je le dirai tout à
l'heure, il ne devrait faire que des dégrèvemens
annuels et momentanés, en les portant tantôt
sur une contribution, tantôt sur une autre, de
manière à faire voir que son droit subsiste toujours, et que la remise n'est qu'accidentelle et
facultative.

Ces réflexions, pour blesser toutes les idées
reçues, n'en sont pas moins justes; qu'on me
pardonne cette digression, et venons aux faits.

On se récrie sans cesse contre l'étendue d'un
budget d'un milliard ; maintenant que les privi-
lèges de caste, de corporations, de villes et de
provinces sont éteints, un budjet d'un milliard
est certainement moins fort comparativement,
que les six cents millions que l'on payait avant
la révolution; ajoutez que notre agriculture et
notre industrie ont acquis des développemens,
dont on ne soupçonnait pas alors la possibilité;
je ne dis pas pour cela qu'il faille maintenir un
budjet d'un milliard, si l'on peut faire autrement;
mais je pense qu'il y a de l'irréflexion à porter
le découragement, peut être le mécontentement
dans l'esprit des citoyens en parlant de ce milliard, lorsqu'avec de la bonne foi et un examen

sincère des choses, on leur donnerait une toute autre idée de leur situation.

L'intérêt de la dette publique en Angleterre, absorbe une somme égale à la totalité de notre budget (un milliard), et l'Angleterre est riche et puissante.

On a vu des pays où l'on ne payait presqu'aucune contribution, et qui cependant étaient très misérables.

L'aisance au contraire brillait dans des contrées chargées d'impôts.

La somme des contributions n'est donc pas la mesure de l'aisance ou de la misère d'un peuple, à moins que ce ne soit en sens contraire de ce que l'on entend ordinairement.

Ce n'est donc pas d'après la somme nominale, qu'il faut juger un budget, mais d'après l'état de prospérité d'un peuple. Il est plus aisé maintenant à la France de payer un milliard d'impôt, qu'il ne l'était de payer cent millions sous Louis XIII. Ce ne sera jamais un fort budget qui ruinera un peuple. Une fausse direction donnée à la société, une administration ignorante et ennemie peuvent seules accomplir cette œuvre.

Si je crains les dégrèvemens, c'est dans l'intérêt des peuples, attendu qu'une administration habile, peut toujours faire pour les contribuables un meilleur usage de ces petites sommes, dont la remise est insensible pour chacun.

Supposons que des propriétaires contribuables aient pour quinze mille francs de denrées dans leurs greniers; quelle sera l'administration la plus habile, l'administration véritablement bienfaisante de celle qui remettra à ce propriétaire cent francs sur ses contributions, et c'est beaucoup; ou de celle qui, employant ces cent francs à réparer des grandes routes, à ouvrir des communications, à assurer des débouchés, à soutenir de grandes entreprises, soit de commerce soit d'industrie, fera vendre à l'instant au cultivateur contribuable, ses quinze mille francs de denrées en lui montrant un perspective encore plus encourageante.

C'est une popularité bien fausse que celle qui s'attache à des réductions qui ne peuvent jamais avoir d'importance, par rapport à la somme dont le contribuable restera toujours chargé.

En France particulièrement, avant de proposer des réductions, dont on sentira bientôt la futilité et même le danger, il aurait fallu examiner si la répartition est tout ce qu'elle peut être, je suis convaincu qu'elle présente encore de très grandes inégalités qui, corrigées, réduiraient les contributions à des termes très raisonnables, surtout avecune prospérité ascendante. Ces inégalités, le cadastre seul pouvait les faire disparaître, et les travaux du cadastre sont, au moins en grande partie, désorganisés. Si l'opération du cadastre avait été bien conçue, elle pouvait être terminée en quatre ans; mais tout dans ce pays doit céder à l'esprit de coterie et de faction. Il y avait dans le cadastre le germe d'une institution d'autant plus nécessaire, que les propriétés territoriales sont plus divisées; nous avons maintenant bien d'autres vues.

Avant donc de toucher à la contribution foncière, il était d'une sage et prévoyante administration d'épuiser tous les moyens d'arriver à une égale et juste répartition.

Je regarde comme une calamité cet empressement, cette impatience de dégrèvement que je ne pourrais expliquer qu'en les attribuant à une cause, dans laquelle n'entre pour rien l'intérêt des contribuables.

L'état des contributions n'appèle donc sous aucun rapport, une mesure aussi extraordinaire aussi violente que l'est la réduction des rentes.

VIII. Réduction de l'intérêt de la rente.

La réduction de l'intérêt de la rente; par conséquent du capital est une banqueroute. Tout moyen indirect pour arriver au même but, est également une banqueroute.

IX. Remboursement de la rente.

Remboursement de la rente! c'est, à le bien prendre, une proposition vide de sens; prenons-la, cependant dans son acception rigoureuse; et supposons qu'un gouvernement qui a une dette dont le capital est estimé quatre milliards, tient d'un autre côté à sa disposition quatre milliards en or, avec lesquels il est le maître de rembourser sa dette; fera-t-il dans ce cas une opération sage, par conséquent utile?

Il ne faut pas aller à de grandes profondeurs pour prouver qu'il ferait un acte de démence.

De quoi un état est il riche? 1º de valeurs accréditées qui font marcher tous les travaux de la société, 2º de métaux précieux en bien moins grande quantité, qui concourent au même but et dont les mouvemens faciles, dans un ordre de choses bien administré, soutiennent tout l'édifice.

Quatre milliards de fonds publics bien accrédités, font bien un capital de quatre milliards.

Quatre milliards de métaux précieux forment aussi un capital de quatre milliards.

Ces deux sommes réunies font un total de huit milliards, richesse réelle, positive, incontestable, puisque tous les jours vous pouvez échanger les valeurs de crédit contre des métaux *et vice versâ*.

Or si avec ces quatre milliards de métaux, vous remboursez les quatre milliards de fonds publics; au lieu de huit milliards de capitaux, que vous possédiez tout à l'heure, vous n'en aurez plus que quatre; cela est clair.

Je ne parle pas de tous les désordres qu'on introduirait dans les relations économiques, en jetant ainsi par torrens de l'argent, en des mains qui ne le demandent point, et qui ne lui connaissent point d'emploi, ni de mille autres inconvéniens du même genre; je poursuis des calculs plus essentiels.

Six cent mille individus, plus ou moins en France vivent directement des rentes sur l'état; le capital de ces rentes, rend des services incalculables à la circulation, je crois l'avoir démontré jusqu'à la dernière évidence dans mon *traité du commerce des fonds publics* à propos de l'affaire de MM. Perdonnet et Forbin Janson; mais un genre de service sur lequel je n'ai pas assez insisté, c'est la faculté qu'à la rente, et la rente seule, de capitaliser et d'attirer dans la circulation chaque jour, toutes les petites économies des particuliers, lesquelles, sans cette occasion de placement, resteraient inertes dans leurs bourses ; elles ne produiraient rien ni pour eux, ni pour l'état.

Par le remboursement, toutes ces ressources seraient détruites du même coup.

Supposons au contraire que les quatre milliards de métaux, sont distribués dans la circulation, le produit de ce capital seulement en intérêt à cinq pour cent, serait de deux cents millions, somme égale à l'intérêt de la dette. Voilà donc par ce procédé une charge qui se trouve comme si elle n'existait pas, et cet intérêt n'est que le produit propre au capital des quatre milliards qui le donne. Ce qui revient avant que ce revenu ne soit réalisé, à tous ceux qui concourent, aux travaux occasionés par sa présence, est incalculable.

Il n'y a pas deux milliards, en or et en argent en France. Un capital de quatre milliards de métaux précieux, peut donc mettre en mouvement deux fois tous nos capitaux du commerce, de l'industrie et de l'agriculture, ce qui donnerait en revenus, plus de quatorze milliards, puisque l'on peut sans exagération, estimer à au moins sept milliards le revenu de la France.

D'après cela il est évident que c'est sur le travail
et non sur la dette qu'il faudrait verser des capitaux, si on en avait réellement à sa disposition.

La dette de France est de cent quatre-vingt
dix-sept millions ; sur cette somme cinquante-
sept millions affectés à divers établissemens, sont
hors de la circulation; plus de cent millions sont
casés entre les mains des particuliers ; reste donc
environ, quarante millions qui tour à tour sont
casés ou jetés sur la place.

On peut conclure de ce fait, que plus de cent
millions de rente, sont nécessaires aux placemens
particuliers; et j'ai dit quels services immenses
ces placemens rendent à tous les genres d'industrie. Il faut donc dans notre ordre économique, un fonds de rente d'au moins cent cinquante millions, et ce serait peu si d'ailleurs
notre commerce recevait les développemens
dont il est susceptible, et qu'on aurait dû lui
ménager. Dès lors il ne reste à l'amortissement
qu'une marge d'environ quarante millions. C'est
sur cette somme que la paix doit économiser des
moyens de subvenir à des besoins extraordinaires.

C'est donc ces quarante millions qui seuls seraient susceptibles de remboursement, en supposant qu'on eût le droit de porter atteinte au titre,

de la rente; resterait encore la question de savoir quel serait le mode le plus utile, de rentrer dans ce fonds, ou un remboursement brusque , ou l'extinction insensible par la voie de l'amortissement.

Nul doute que ce dernier mode est le seul conforme à la nature de la rente , comme il est le seul praticable, car il y a cette remarque importante à faire ; que dans ces questions ce qui est praticable , est encore tout ce qu'il y a d'honnête et d'utile: Celui qui a besoin d'argent vend, celui qui veut placer son argent achète, chacun à son gré, selon sa convenance, tout marche dans une harmonie parfaite, parce que rien n'est forcé. Dans un système contraire , tout est à contre sens des besoins et des volontés, on rembourse à celui qui ne demande rien; on effraie celui qui voulait placer, et le désordre se fait sentir de tous côtés.

On a regretté que les emprunts de France n'eussent pas été faits à certaines conditions de remboursement, qu'ils ne fussent pas faits à des taux différens; que tout fût abîmé dans *le gouffre du grand livre*, etc. : ce sont là autant d'erreurs. Un gouvernement ne doit jamais stipuler des époques , ni des conditions de remboursement : d'abord parce qu'il ne peut prévoir quelle sera sa situation, ni quels seront ses besoins à ces époques; en second lieu parce qu'il est certain au contraire, qu'il ne sera pas plus en état de rembourser à une époque quelconque, qu'il ne l'eût été de faire face à ses services au moment des emprunts. En effet qui pourrait le mettre en état de payer? la thésorisation? c'est une absurdité; des impots extraordinaires? c'est une impossibilité.

Tout gouvernement qui prend des engagemens de cette nature, est sûr de manquer à sa parole, ou de ne se tirer d'affaire que par des subtilités cent fois plus honteuses qu'un aveu franc de son impuissance.

Mais dans ce cas, des emprunts à un taux plus modéré, mettraient à même de rembourser, ou d'obtenir un intérêt plus doux; impossible : les prêteurs feraient eux-mêmes l'opération; mais l'on feindra un intérêt qui n'existe pas : c'est alors un acte forcé, une déception, et qui pis est un exemple de profonde immoralité.

Le système de la dette publique en France, est ce qu'il doit être pour un ordre de choses régulier, digne et moral.

Si un gouvernement ne doit pas rembourser la totalité des fonds de sa dette, par la même raison, il n'en doit rembourser aucune partie;

proportion gardée les résultats seraient les mêmes. Le fait de la dette publique en France, repousse toute mesure extraordinaire.

X. Pair de la rente.

« Il n'y en a point, et il ne peut y en avoir. On n'est pas tombé d'accord dans les chambres sur ce qu'on peut regarder comme le pair de la rente. On le conçoit, il n'était pas aisé de trouver ce qui n'existe point.

« Du moment qu'une valeur, que la rente a été déclarée négociable, il n'y a plus eu de pair. Valeur variable, négociable, et pair sont des expressions contradictoires et incompatibles.

« On aurait déclaré cent fois et par toutes les lois du monde, que cent francs est le pair de cinq francs de rente, que ces dispositions seraient détruites par le seul fait de la faculté de négocier.

« C'est encore ici l'évidence : si l'on insiste en soutenant qu'il y a un pair, que répondre? toujours la même chose, il n'y en a pas; puisque chaque jour offre négociation de cette valeur et variation dans les cours. En effet au moment où vous admettez un pair, le cours le dépasse; ce pair est tellement insaisissable, qu'il est impossible d'opérer d'après cette donnée; remboursez-vous à ce que vous appelez le pair, la rente étant au-dessous ne fut-ce que de 50 c., vous êtes dupe ; forcez-vous le remboursement, la rente étant au-dessus : évidemment vous exercez une violence ; vous ne pouvez pas sortir de ce cercle.

Le véritable, le seul pair de la rente, est le cours de chaque jour, le prix qu'elle vaut ce jour là, ou plutôt toutes les variations qu'elle a subies le même jour.

Ceci est dans la matière un principe qu'il faut noter, un principe tel que seul il peut justifier l'action du gouvernement, qui rachète sur la place ses propres effets. Si l'on admet un pair et que le gouvernement se permette d'acheter au-dessous, il fait un acte répréhensible qui déshonorerait un simple commerçant ; mais les effets publics par leur caractère de valeurs négociables, offrant une rente fixe, inaltérable pour un prix variable, qui est toujours le véritable prix quand la négociation a été régulière, le gouvernement peut légitimement acheter comme tout le monde, en se soumettant à la loi commune.

Mais si ce même gouvernement parce que le cours s'élève, veut l'arrêter à sa convenance et briser des rapports que lui même a établis, anéantir un fait qu'il a reconnu, il se rend coupable du plus effroyable abus de pouvoir en même temps qu'il méconnaît son intérêt de tous les instans.

Ainsi le gouvernement n'a pas le droit de rembourser, il en aurait le droit qu'il ferait une chose très mal entendue; dans l'un comme dans l'autre cas, il manquerait de base, puisque le cours des valeurs change à chaque bourse.

XI. Objection.

On demandera peut-être comment dans ce système, on parviendrait à régler, par exemple, l'indemnité des émigrés, si, dans la création des rentes à leur livrer, il est possible de ne pas leur indiquer un capital.

Je passe sur la question de savoir si on doit ou si on ne doit pas une indemnié aux émigrés. Cette question ne peut pas en être une pour la France.

L'objection ne serait nullement fondée. Le prix d'une propriété vendue, est, je suppose de quatre cent mille francs; de quoi s'agit-il? de rembourser par une rente un capital égal au prix des biens vendus. La seule question est de savoir quel est le revenu d'un capital en fonds de terre, déduction faite des contributions; admettons *trois* pour cent; vous remettrez douze mille francs au réclamant, et voilà tout. Qu'elle nécessité y a-t-il d'exprimer sur le titre trois pour cent, quatre pour cent, c'est-à-dire ce que vous ne savez pas.

Mais combien ces douze mille francs de rente vaudront-ils sur la place ? ils vaudront ce qu'ils vaudront. Le gouvernement n'a pas plus à s'en occuper, qu'il ne doit s'embarrasser de ce que vaudront les biens fonds dans dix ans; si non, qu'il doit généralement donner tous ses soins pour maintenir et accroître la prospérité du pays.

On voudrait qu'on ne put distinguer les rentes créées, pour la circonstance, des anciennes rentes, le moyen est bien simple, effacez de ces dernières les expressions inutiles, fausses de *cinq pour cent*. Ce qu'il est urgent de faire dans tous les cas.

XII. Amortissement de la rente.

Ce qui trompe les hommes peu familiarisés avec ces matières, c'est que, regardant les emprunts comme une charge, ils sont impatiens d'en voir l'état débarrassé; il résulte de cette impression, qu'ils sont faciles sur les mesures les plus mal calculées, les plus désastreuses; pensant qu'au pis aller, c'est un mal pour guérir un plus grand mal, ou au moins, pour y remédier.

Abstraction faite de ce que j'ai dit plus haut sur les services que rendent les fonds publics, et sur le rang qu'ils tiennent dans l'économie sociale, ils sont devenus une nécessité. Ainsi l'ont reconnu les orateurs les plus chagrins, les plus opposés aux développemens et à l'éclat de la civilisation, qui ont amené ces nécessités.

On calcule le temps nécessaire pour amortir notre dette ; c'est vingt ans selon les uns, c'est vingt ans et six mois selon les autres.

On cherche le but de l'amortissement. Si l'on en croit ceux-ci, c'est pour soutenir le crédit ; non ; mais bien, répondent ceux-là, pour que le gouvernement rentre dans tous ses droits et redevienne le maître de sa grande entreprise.

On s'épargnerait tous ces calculs et ces beaux raisonnemens, si l'on voulait réfléchir et chercher avec quelque soin, comment une dette publique s'identifie avec tous les mouvemens de la circulation, avec les consommations dont elle agrandit le cercle, et qui sont le but, comme le terme de tous les travaux.

Une dette publique doit être proportionnée aux ressources du pays pour lequel on emprunte, or il n'est pas très difficile d'estimer cette proportion qui peut s'étendre, si l'état gagne en prospérité.

Ainsi que je le disais plus haut, on peut regarder comme certain qu'une dette de deux cents millions de rente, dont le capital en crédit a pris rang dans la richesse nationale, et concourt à la maintenir et à l'accroître, n'a rien d'exagéré ni d'inquiétant, que cet état de choses, notre prospérité étant la même, pourrait durer tant qu'il plairait à une administration sage et habile; mais des guerres peuvent survenir, on peut avoir à supporter des dépenses extraordinaires, et c'est une autre erreur bien grande de croire qu'on peut emprunter indéfiniment; de là la nécessité d'amincir successivement la dette afin de ménager des contributions libres pour subvenir aux intérêts de nouveaux emprunts devenus indispensables.

Le véritable but de l'amortissement, est donc de faire chaque jour un fonds de réserve pour les besoins imprévus de quelque nature qu'ils puissent être. Sans doute les achats que fait l'amortissement soutiennent le crédit, mais ce n'est là qu'un but secondaire, que l'effet heureux d'une sage prévoyance. Ce qui soutient essentiellement le crédit, c'est la loyauté, l'habileté et la stabilité des principes de l'administration.

Tel est l'état dans lequel nous sommes ; il n'y a donc pas à se tourmenter, ni à tourmenter les autres pour faire le mal de tout le monde : de l'état, comme des particuliers.

Les même considérations que j'ai fait valoir contre le remboursement, militent ici contre un amortissement intégral et démontrent que la rente ne devrait pas être totalement amortie, quand même on en aurait le temps et la faculté.

La discussion dans les chambres a offert une assertion aussi étrange que l'erreur qui y a donné lieu ; ce qui fait deux erreurs pour une. C'est que la caisse d'amortissement doit cesser son action aussitôt que la rente, est au dessus du pair ; supposition d'ailleurs qui démontre de plus en plus que la rente n'a point de pair.

En renonçant à toutes les idées de rembour-sement, d'extinction totale de la dette, en ré-duisant les plans d'amortissement à ce qu'ils doivent être, c'est-à-dire aux moyens de prépa-rer des ressources pour l'avenir, alors toutes ces prétendues questions s'évanouissent. On ne se jette dans ce labyrinthe de faux raisonnemens et de propositions absurdes, que parce qu'on perd le véritable objet de vue.

Si avec une somme donnée d'argent, on achète

une plus grande quantité de rentes ; en cas d'emprunt, il faudra donner plus de rentes pour avoir
une somme égale d'argent ; si au contraire avec
une somme égale d'argent, vous avez moins de
rentes, parce que le taux en est plus élevé, avec
moins de rentes vous aurez une somme plus forte
d'argent ; ce qui revient absolument au même.
La grande affaire est de trouver toujours de l'argent, quand le besoin s'en fait sentir ; pour avoir
un crédit inépuisable, il faut une fidélité inaltérable dans l'accomplissement des promesses.

L'admission d'un pair, et les conséquences
qu'on en tire sont donc autant d'erreurs pal-
pables et la cause des plus fausses mesures.

XIII. Est-ce au revenu ou au capital que le gouvernement
doit attacher l'avantage de l'emprunt.

C'est ici une question toute de fait.

Dans les emprunts un gouvernement doit
consulter la situation, le goût et le besoin des
individus qui, en définitive, feront le fonds de
l'emprunt.

Si ce sont des capitalistes, il doit les mettre à
même de tirer parti des capitaux ; si ce sont des
particuliers, le revenu est le seul avantage qu'ils
recherchent.

Or en France, ce sont toutes les bourses moyennes et petites qui, en dernière analyse, forment le fonds des emprunts dont les banquiers ne sont que les intermédiaires ; les prêteurs ne peuvent donc trouver d'attrait que dans l'intérêt ; une fois possesseurs d'une inscription, la hausse ou la baisse du capital ne les touche en aucune manière, ou que sous des rapports plus ou moins éloignés ; c'est donc aller contre le but et le besoin du prêteur, que d'augmenter les capitaux, et de diminuer l'intérêt ; c'est l'alarmer, le dégoûter, comme cela arrive dans le moment même.

C'est fermer pour l'avenir une source qui aurait toujours été ouverte aux besoins de l'état sans d'imprudentes mesures.

Ajoutez que la disposition d'esprit de celui qui place pour obtenir des revenus, est favorable à l'ordre, à la stabilité, aux mœurs ; tandis que l'appât attaché aux variations des cours, provoque tous les genres de cupidité, de frénésie, en même temps que des catastrophes qui bouleversent toutes les fortunes.

Encore une fois, que signifie un capital nominal attribué à un effet de circulation ; le capital réel est tout, et le capital réel ne sera jamais que celui qui résultera du prix de l'argent, et du crédit de l'effet négocié ; nous retrouvons cette observation partout.

C'est donc une idée bien fausse et bien malheureuse, que celle de substituer en France des chances sur les capitaux des fonds publics, à un intérêt qui n'est jamais, au bout du compte, que l'intérêt courant de l'argent.

XIV. Exemple de l'Angleterre.

On a souvent cité l'Angleterre dans cette discussion. Rien n'est plus dangereux que ces rapprochemens ou plutôt que ces parodies où il n'y a de véritablement semblable que certaines locations , et encore souvent désignent-elles des choses absolument différentes.

Qui donc en France peut se vanter de bien comprendre les parties et l'ensemble de ce qui constitue le système économique de l'Angleterre : ce pays, où pendant un quart de siècle on a pu soutenir pour tous les genres de consommation, comme pour toutes les espèces de circulation, une monnaie de papier, sans qu'il en soit résulté aucun désordre dans les transactions, aucun ébranlement dans les fortunes. Il semblait au contraire que toutes les affaires en eussent reçu une plus grande activité.

Les hommes qui s'appliquent à ce genre d'étude, vous diront bien qu'à telle époque on a fait tel emprunt d'après telles combinaisons, qu'à telle autre époque on a opéré un remboursement qui n'était au fond qu'un moyen détourné de réduire l'intérêt de l'emprunt; mais ont-ils jamais expliqué ce qui a rendu ces opérations possibles le plus souvent contre toute vraisemblance. Voilà ce qu'il faudrait nous apprendre avant que de risquer des imitations, et voilà ce que personne ne sait.

« N'a-t-on pas dit à chaque emprunt qu'a fait l'Angleterre depuis trente ans : enfin l'Angleterre touche à la banqueroute ; pour cette fois elle n'y échappera pas ; et cependant quoique le fardeau nous paraisse insupportable, elle n'a point succombé.

« Ce qu'il y a de certain, c'est que rien dans ce système ou cette situation, ne peut être comparé à notre système ou à notre situation en France, aujourd'hui surtout.

« En Angleterre un commerce immense, une industrie proportionnée, des opérations de circulation monstrueuses, une population peu étendue et un territoire borné, forment l'aspect de l'état du pays.

« En France, c'est le contraire : un territoire

trois fois plus vaste, une population presque triple, un commerce timide, une industrie naissante, une circulation embarrassée ; tels sont les élémens sur lesquels on voudrait opérer comme on le fait en Angleterre sur des masses de valeurs, aux risques de ce qui pourra en arriver. Il est aisé de prévoir que ce qui réussira en Angleterre, pourra être très désastreux pour la France.

L'Angleterre a pu s'imposer quinze cent millions et porter sa dette de vingt-cinq à trente milliards, ce qui ne fait que vingt à vingt-cinq milliards de plus qu'en France. En aurions nous jamais fait autant nous qui crions misère à l'aspect de la nôtre, tandis que le gouvernement anglais, tranquille en face de la sienne, règle les affaires du monde comme s'il ne craignait pas le plus petit obstacle.

Les Pitt et consorts, plus barbares que les Pizarre et les Cortès, ont dépensé ces effroyables sommes sur le seul soupçon que l'on pouvait introduire quelques grains de bon sens dans les gouvernemens du continent, et notamment en France. Pour avoir exclusivement de l'or, ils ont bouleversé le monde, et pour bouleverser le monde, ils ont bouleversé leur système économique.

Dans cette position les Anglais ne peuvent, quant à leur dette, rentrer dans des voies un peu raisonnables autrement que par de nouveaux bouleversemens. Pour eux, s'ils veulent rétablir quelqu'équilibre entre leurs recettes et leurs dépenses, il y a nécessité. Ce n'est que par des banqueroutes successives qu'ils peuvent y arriver.

Mais c'est toujours par eux-mêmes, sur eux-mêmes, poux eux seuls, sans aucun secours étranger qu'ils opèrent.

En second lieu, si par leurs mesures ils détruisent des masses de capitaux, les produits d'un travail incalculable dans ses moyens comme dans ses résultats, les bénéfices qu'ils font sur le commerce du monde leur en rapportent chaque jour dans une telle proportion, que tous les vides sont aussitôt comblés et au delà.

Faites après cela des comparaisons, et qu'on nous dise où sont les six cents millions qui surabondent sur nos places et qui se disposent à couvrir la perte d'une portion égale sur le capital de nos rentes. Il faut, pour cette opération simulée, des fonds que nous sommes obligés de recevoir en partie de l'étranger, en lui accordant des bénéfices qui ne peuvent être calculés.

On parle de l'habileté des hommes qui ont imaginé en Angleterre toutes ces combinaisons; à mes yeux, ce n'est point là administrer la fortune publique d'un pays; c'est patauger par suite d'une politique fausse et inhumaine.

XV. Emploi des capitalistes, banquiers, etc.

Les écrivains, les orateurs de toutes les opinions ont, bon gré malgré, reconnu la nécessité des emprunts. Quelques-uns, il est vrai, ont mis un prix un peu élevé à cette espèce de condescendance, « les progrès prétendus de la civilisation, ont-ils dit, le système militaire, ont produit cette nécessité de subir tous les dommages du crédit et ses funestes résultats. Cette tendance a placé au-dessus des trônes la puissance *épouvantable* de l'argent; de là la science ou bien plutôt la perturbation financière qui met tous les états en péril....Un état a besoin d'argent, il ne peut y suffire que par des emprunts, il faut avoir recours à ces terribles banquiers qui tiennent dans leurs mains la destinée des gouvernemens. »

On sent à quel ordre d'idées et à quelle espèce d'opinion appartiennent ces paroles où tout est exagération. Cependant il pourrait arriver qu'on leur donnât au moins l'apparence de quelque vérité ; mais alors à qui la faute ? tout ce qui est grandement désordonné dans un état est toujours terrible, épouvantable ; mais tout désordre est l'ouvrage de l'administration.

Les emprunts pourraient avoir des effets terribles, épouvantables même ; mais ce ne serait pas une conséquence de leur nature, et les capitalistes et banquiers pourraient n'être pour rien dans ce désordre, ou tout au plus banquiers et emprunts n'y figureraient que comme instrumens, comme moyens ; la véritable cause serait dans l'inhabileté, et la fausse direction de l'administration.

J'avais annoncé une réfutation sommaire de la brochure de M. Lafitte. Dans cette partie de mon travail j'avais commencé par rendre hommage aux vertus civiques de M. Lafitte ; quoique je n'aie pas l'honneur de le connaître je crois le savoir par cœur. Il est malheureusement trop peu d'hommes aussi recommandables et aussi dignes de l'estime publique ; mais il s'est trompé dans l'affaire de la réduction des rentes, et de plus, il est tombé dans des erreurs graves sur des points essentiels ; par exemple, lorsqu'il parle du mouvement qu'il présente comme le principe de toute richesse et de toute prospérité. Oui; mais c'est un mouvement qui agit dans un cercle raisonné et raisonnable; un mouvement qui donne constamment des résultats utiles; mais un mouvement provoqué par un excès de cupidité, qui peut créer quelques fortunes subites au milieu de beaucoup de ruines, un semblable mouvement ne fait pas plus pour la prospérité d'un pays qu'il ne prouve pour la sagesse des mesures qui l'ont fait naître.

J'aurais ensuite témoigné mon étonnement sur la manière un peu trop vive avec laquelle M. Lafitte tombe sur ces pauvres rentiers, qui s'aviseraient de juger mauvaise la mesure qui les dépouille, lorsqu'ils se doivent trouver trop heureux des avantages inespérés que leur offre l'élévation des cours. En vérité, lorsque nos riches capitalistes ont fait de grandes fortunes par cette même cause, il y a de la dureté à reprocher aussi amèrement aux rentiers, les bribes qui ne les indemnisent pas tous des pertes antérieures qu'ils ont faites.

Mais j'aurais insisté particulièrement sur deux points de l'écrit de M. Lafitte; j'aurais essayé d'établir l'énorme différence et l'extrême opposition qu'il y a entre la finance administrative ou la finance de l'état, et la finance de place, ou la finance des banquiers, capitalistes, etc. ; et j'aurais montré comment de la confusion de ces deux choses si opposées peuvent résulter des chances terribles, épouvantables, capables de compromettre les destinées d'un état. Je vais en dire quelques mots.

La finance administrative est la science des rapports de tous les travaux de la société ; science qui ne peut s'acquérir que par les obser-vations les plus exactes, et les méditations les plus profondes.

La finance de place est un métier, une pro-fession, comme tous les métiers circonscrits dans un cercle d'opérations qui leur sont pro-pres, qu'on apprend, qu'on exerce avec plus ou moins de succès selon le degré d'intelligence dont on est pourvu.

La finance administrative s'occupe des inté-rêts de tous pour les faire prospérer également, et les uns par les autres.

La finance de place ne s'occupe que des inté-rêts particuliers à ceux qui se livrent à ce genre de spéculation et souvent contre les intérêts de tous.

La finance administrative, indépendamment des lumières et d'une intelligence extraordi-naire, exige dans celui qui la dirige une haute

probité et la plus grande élévation de senti-
mens ; sans quoi toute son habileté, s'il en
avait, ne serait que funeste.

Dans la finance de place, un fesse-mathieu,
d'ailleurs très ignorant, fera souvent mieux ses
affaires que le plus spirituel et le plus honnête
homme du monde.

Le premier soin de l'administrateur devra
donc consister à ne jamais confondre la finance
administrative avec la finance de place.

S'il arrive qu'il se serve de capitalistes, banquiers, etc., ce sera comme instrumens, en cir-
conscrivant leurs opérations et leurs bénéfices,
de manière à ce qu'il reste toujours le maître de
subordonner leurs actions à l'intérêt qu'il doit
défendre.

L'opération du remboursement et de la réduction de l'intérêt de la rente avait-elle ce
caractère ? C'est le second point que j'aurais
examiné avec M. Lafitte.

D'après l'opération, tout le capital de la rente
en France devait passer par les mains de la compagnie dont il faisait partie.

Voilà donc toute la fortune publique à la dis-
crétion d'hommes qui ne peuvent être dirigés
que par leur intérêt personnel, et qui par leur
position, par la nature et le danger de leurs

engagemens auront à lutter contre les intérêts de tous, sans que l'administrateur puisse jamais se rendre compte au juste de ce qu'ils feront ou ne feront pas. S'il parle, on lui répond par la *nécessité*, etc..... Voilà donc une confusion bien complète de deux choses tout à fait contraires.

De l'aveu de M. Lafitte qui nous l'apprend, la compagnie avait à sa disposition quatre cents millions; quatre cents millions! Il ne veut que prouver que la compagnie avait les moyens d'assurer le succès de l'opération; mais il prouve trop. En effet, peut-on imaginer sans épouvante le désordre que doit produire dans l'Etat un capital de quatre milliards, disloqué par une fausse mesure, tourmenté, secoué, tamisé pendant plusieurs années au moyen d'un capital de quatre cents millions? Peut-on imaginer sans épouvante toutes les cupidités appelées et déçues, réengagées de nouveau par quelques appâts que savent si bien préparer les hommes exercés dans ce genre de pratique, et pour couronner l'œuvre, l'étranger emportant cinq, six, sept cents millions de nos métaux. M. Lafitte, excellent citoyen, en aurait frémi, mais c'est pourtant là ce qu'il aurait

CONCLUSION.

Il suffit de suivre avec quelque attention l'enchaînement des propositions que j'ai établies, et des circonstances qui sont particulières à notre dette et notre ordre économique pour se convaincre que le sujet n'a point-été envisagé sous son véritable jour lors de la discussion qui a eu lieu; que le principe de la propriété a été méconnu par le fait même de la délibération; attendu qu'on n'avait pas même le droit de délibérer.

Je crois avoir indiqué des motifs suffisans pour prouver qu'en supposant qu'on eût le droit de réduire l'intérêt de la rente, on ne devrait pas le faire, et que les résultats de la mesure seront absolument contraires à ceux qu'on se propose d'obtenir.

Je crois que mes propositions offrent toutes les moyens termes qui sont en tout le premier et le plus sûr indice de la vérité. Elles sont loin, j'en conviens, des idées communes. Je prie de remarquer cependant que je n'ai imaginé ni des théories ni des systèmes, j'ai procédé comme on doit le faire en administration; et généralement dans ce qui est positif. J'ai cherché les principes qui sont indiqués par la nature de la chose, et je les applique d'après les faits qui lui sont propres. Le grand mal dans ces questions vient de ce que l'opinion n'offre aux gouvernemens ni guide ni frein, attendu qu'elle n'a elle-même rien de fixe, et qu'elle est sans véritables lumières. Les gouvernemens, autant par de faux calculs que par de mauvais exemples, suivront plus ou moins long-temps cette voie désastreuse; mais, en définitive, il faudra qu'ils s'arrêtent à ce qui est loyal, honnête, parce que c'est encore là que se trouve l'utilité et la sécurité.

En attachant, comme je viens de le faire, l'action du gouvernement aux principes d'une saine morale, tout est digne, tout est stable, bienveillant et généreux dans l'administration; elle inspire la confiance, et ne fait point verser de larmes. Le système contraire porte partout la crainte et le resserrement : ces deux aspects si différens devraient seuls décider la question.

C'est encore le seul moyen de ramener le commerce des rentes à ce qu'il doit être pour qu'il ne soit qu'utile, d'en écarter le *jeu* et de le garantir de ces catastrophes qui influent sur toutes les fortunes d'une manière si funeste.

On propose en même temps deux projets,

dont l'un a probablement l'autre pour cause, attendu qu'en même temps qu'on impose une charge énorme à la France, on voudrait y apporter quelques adoucissemens. C'est là une erreur des plus fortes. Ce sont deux charges à la fois, et c'est trop. Oui, ces deux mesures sont deux charges et de même nature, avec cette différence, et je conviens que les esprits superficiels remplis des préventions dont j'ai parlé au paragraphe 7, comprendront difficilement cette observation; avec cette différence que la création des rentes pour l'indemnité des émigrés sera cent fois moins désastreuse que la réduction des rentes. Cela est certain.

Comment expliquer cette singularité ? D'abord l'action de donner est plus honnête que celle de prendre, et, encore une fois, un gouvernement ne doit jamais blesser les lois de la morale; en second lieu, parce qu'il y a plus de consistance dans le résultat lorsqu'un grand nombre donne à quelques-uns, que lorsque quelques-uns donnent à un grand nombre; car le petit nombre peut être ruiné, et le grand nombre ne rien gagner; parce qu'il est plus naturel de prendre trente millions dans les poches de trente millions d'individus au profit de quelques milliers, que de prendre trente millions dans la poche de quelques milliers au profit de trente millions ; parce qu'il y a moins d'inconvéniens à créer qu'à détruire.

Je vais plus loin ; sans doute rien ne pourrait indemniser personnellement les rentiers de la privation du cinquième de leur revenu ; mais, sous le rapport de la circulation et de la richesse publique, si quelque chose pouvait réparer le désastre de l'anéantissement de vingt-huit millions de revenus et de six cents millions de capitaux, je dois le dire franchement, parce que c'est la vérité, ce serait la création des rentes au profit des émigrés, attendu que cette création imprimera dans les premiers momens un surcroît quelconque à l'activité de la circulation et des consommations.

Cette observation n'a pas pour but d'établir qu'on doive donner une indemnité aux émigrés ; mais bien qu'on ne doit porter aucune atteinte aux droits des rentiers, et qu'on se tromperait étrangement si l'on croyait faire tourner au profit de l'État le dommage qu'on leur ferait éprouver. Le dommage sera le même pour l'État.

IMPRIMERIE ET FONDERIE DE J. PINARD,
RUE D'ANJOU-DAUPHINE, N° 8.